Kennen Sie das noch?
Die wilden 60er Jahre in Hannover

Ronald Clark unter Mitarbeit von Ekkehard Fiss

KENNEN SIE DAS NOCH?

Die wilden 60er Jahre in Hannover

INHALTSVERZEICHNIS

Vorwort	7
Schnelle Wege …	8
… und ruhender Verkehr	14
Aegi – Ein Platz im Wandel	18
»Gastarbeiter« fürs Wachstum	24
Hoch hinaus …	28
… und tief hinab	32
Kaufen, Kaufen, Kaufen	36
Altes muss weichen	42
Hannover wächst weiter	54
Die im Schatten stehen	64
Königlicher Besuch	68
»Gute Stube« blüht wieder auf	72
»Gammler« am Georgsplatz	78
Trauer-Demo und Roter Punkt	82
Draußen nur Kännchen!	90
Kohlenmann und Tankwartin	94
Die Nachweise	102
Das Literaturverzeichnis	102
Der Autor	103

VORWORT

Die Trümmer sind beseitigt, auch in Hannover – in den frühen 1960er Jahren – geht nun der Wiederaufbau der Stadt zügig voran. Das innere und äußere Schnellwegsystem wird komplettiert, doch die rasant wachsende Motorisierung bringt den Verkehr auch bald häufig zum Erliegen. Die Fortschrittsgläubigkeit ist jedoch noch ungetrübt. Große Wohnsiedlungen entstehen an der Peripherie, der Grundstein zur Medizinischen Hochschule wird gelegt, und zwei große städtische Museen sind nach ihrer Eröffnung schnell populär.

Geschäftsleute locken die Kunden mit zum Teil skurrilen Aktionen in ihre Läden. Wachsender Wohlstand und ungebrochener Optimismus gelten nicht für alle: Sinti und Roma sind weiterhin ausgegrenzt, und die »Gastarbeiter« müssen in wachsender Zahl oft unter unwürdigen Umständen leben. Schattenseiten des Wirtschaftswunders.

In der Mitte des Jahrzehnts erscheint Hannover als eine Stadt der »Gammler«; der Protest der Jugendlichen, ihr Unbehagen an der Gesellschaft wird vorerst durch Nichtstun ausgetragen. Dann wird es politischer. Schon kurze Zeit später gibt es in fast wöchentlichem Rhythmus Demonstrationen gegen Krieg und totalitäre Regime, gefolgt von der deutschlandweit beachteten Aktion »Roter Punkt« gegen Fahrpreiserhöhungen der ÜSTRA.

Abseits vom hitzigen Geschehen freuen sich die Hannoveraner über den Besuch von Königin Elisabeth II., flanieren im wieder in alter Pracht entstandenen Großen Garten oder genießen das Leben bei Kaffee und Kuchen.

Der Bildjournalist Wilhelm Hauschild, von dem die meisten Abbildungen dieses Bandes stammen, hat zeittypisch vorwiegend Schwarz-Weiß-Fotos gemacht. Sie geben einen eindrucksvollen Einblick in ein widersprüchliches »wildes« Jahrzehnt.

Der Bremer Damm 1960 kurz vor seiner Fertigstellung, im Hintergrund das Studentenwohnheim an der Jägerstraße.

SCHNELLE WEGE…

Aus heutiger Sicht müssen es für Autofahrer noch paradiesische Zustände gewesen sein: In der BRD gab es 1960 insgesamt 4,5 Millionen PKW, zehn Jahre später waren es schon 14 Millionen, 2016 dann 45 Millionen. Allerdings war der Verkehr damals viel gefährlicher. Die Zahl der Verkehrstoten stieg in den zehn Jahren von 1960 bis 1970 von 14 406 auf 19 193, dem höchsten Wert in der alten Bundesrepublik überhaupt. Sie sank danach kontinuierlich bis auf den niedrigsten Stand 2013 mit 3 339 Opfern.

Die Planungen für eine autogerechte Stadt durch Stadtbaurat Rudolf Hillebrecht stammten aus den frühen 1950er Jahren, der innere Cityring Hannovers war bald darauf bereits fertig, ebenso ein Teil der Schnellwege. 1960 wurden für den durch die Eilenriede führenden Messeschnellweg letzte Schneisen geschlagen; im gleichen Jahr waren in der Leinemasch die Bauarbeiten am Bremer Damm abgeschlossen und große Teile des Westschnellweges und bei den Ricklinger Kiesteichen des Südschnellweges vollendet. Diese Bereiche hatten wegen Überschwemmungsgefahr und hohem Grundwasserstand auf Dämme und Brücken verlegt werden müssen.

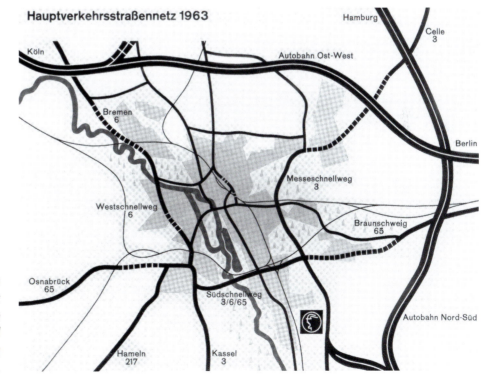

Das Hauptverkehrsstraßennetz im Jahr 1963. Die gestrichelten Linien sind im Bau oder in Planung befindliche Abschnitte.

Im Sommer 1960 wird der Westschnellweg in Höhe der Bethlehemkirche auf einem Damm gebaut.

Durch die 1967 noch niedrigen Bäume ist die Struktur des breiten Grüngürtels zwischen Westschnellweg und Windheimstraße mit Minigolfanlage, Liegewiesen, Spiel- und Bolzplätzen noch gut wahrnehmbar. Im Hintergrund das Freizeitheim Linden, 1961 das erste seiner Art in Deutschland.

1960 entsteht auch die Südschnellwegbrücke über die Hildesheimer Straße. Sie ist mittlerweile marode und für eine Übergangszeit mit Stahlseilen verstärkt. Der neue Schnellweg soll die Hildesheimer Straße im Tunnel unterqueren.

SCHNELLE WEGE…

Ein letztes Mal wird 1960 ein Teil der Eilenriede beim Steuerndieb dem Messeschnellweg geopfert.

Die einzige innerstädtische Hochstraße ist 1969 am Raschplatz fertiggestellt. Das Gebäude rechts macht wenig später dem Bredero-Hochhaus Platz.

Wenn die Parkplätze am Messegelände besetzt sind, müssen die Autofahrer nach Mittelfeld ausweichen.

Schon 1961 wird die Maßnahme A – vierspurige An- und Abfahrt auf dem Messeschnellweg – eingeführt: statt elektronischer Verkehrsregelung noch »analog« zu Fuß und hoch zu Ross.

SCHNELLE WEGE…

Für den Bau der ersten Tiefgarage in Hannover 1961/62 werden vor der Oper die alte, geschwungene Auffahrt und die Baumreihe an der Georgstraße entfernt.

…UND RUHENDER VERKEHR

Doch nicht nur für den fließenden Verkehr wurde es enger. Um die Kunden in der Innenstadt zu halten, wo es kaum Parkplätze in den Straßen gab, entstanden ab 1964 eine Reihe neuer Parkhäuser. Schon drei Jahre vorher war die Tiefgarage unter dem Opernplatz eingeweiht worden. Auch diese Parkplätze in der Innenstadt reichten nicht mehr aus, so dass 1968 erstmals vom Schützenplatz aus ein Park-and-ride-Service angeboten wurde.

Die erste Fußgängerstraße in Hannover war bereits 1954 die Grupenstraße, die Große Packhofstraße folgte 1965. Eine in sich geschlossene Fußgängerzone konnte erst nach Abschluss der U-Bahn-Bauarbeiten in den 1970er Jahren eingerichtet werden.

Vorfahrt für den Autoverkehr bedeutete auch, dass Fußgänger am Cityring in Unterführungen verbannt wurden. Von den drei Fußgängertunneln am Leibnizufer, Friedrichswall und Friederikenplatz existiert nur noch Letzterer, die anderen wurden in den vergangenen Jahrzehnten zurückgebaut und durch Fußgängerampeln ersetzt.

Die gesamte Innenstadt ist oft dem Verkehrskollaps nahe, wie hier 1964 in der Theaterstraße. Die damals frisch gepflanzten Platanen überspannen mittlerweile die gesamte Straße.

Ob geschlossene Fassade wie beim Parkhaus in der Windmühlenstraße …

… oder luftig nur mit Gittern in der Schmiedestraße, beide Parkhäuser von Mitte der sechziger Jahre haben im Erdgeschoss Geschäfte und Lokale.

Im August 1960 sind die Spundwände des Fußgängertunnels am Friederikenplatz bereits fertig. Im Hintergrund ist die Wasserkunst an der Leine zu sehen, die zwei Jahre später abgerissen wird.

Geradezu idyllisch mutet der Aegi noch im Sommer 1960 an. Etwa gleich viele Fahrrad- und Autofahrer umfahren den Doppelkreisel.

AEGI – EIN PLATZ IM WANDEL

Kaum ein anderer Platz in Hannover hat in den zurückliegenden 50 Jahren so oft sein Gesicht verändert wie der Aegidientorplatz. Konnte noch Anfang der 1960er Jahre der Verkehr von Polizisten mit der Hand geregelt werden, versank der Platz einige Jahre später regelmäßig im Verkehrschaos.
Neben dem immer stärker werdenden Autoverkehr kreuzten sich hier insgesamt 13 Straßenbahnlinien. Zur Entlastung der Verkehrssituation, auch im Zusammenhang mit dem Stadtbahnbau, wurde zwischen September und November 1968 eine zweispurige Stahlhochstraße zwischen Schiffgraben und Friedrichswall über den Platz geführt. Die Aegi-Hochstraße, eigentlich nur als kurzfristiges Provisorium gedacht, wurde erst 1998 abgerissen.
Große Aufregung herrschte am Abend des 20. Dezember 1964. Das 1953 errichtete Theater am Aegi stand in Flammen und brannte völlig aus. Das Gebäude, das die Stadt erst vier Monate zuvor erworben hatte, war nicht versichert. Fast drei Jahre dauerte der Wiederaufbau, bis es 1967, auf 1 100 Plätze erweitert, wieder eröffnet wurde.

Nur ein halbes Jahrzehnt später ist der Platz permanent verstopft, und ein einsamer Verkehrspolizist versucht das Chaos zu ordnen.

In nur drei Monaten entsteht am Aegidientorplatz die Stahlhochstraße. Die Auffahrt am Schiffgraben schwebt noch in der Luft.

Kurz nach der Fertigstellung der Hochstraße verwandelt sich der ganze Platz 1969 für die U-Bahn-Trasse und die Station Aegidientorplatz in eine große Baugrube. Ohne diese Überführung wäre der gesamte Verkehr des inneren Cityringes zusammengebrochen.

Das Theater am Aegi steht am 20. Dezember 1964 in Flammen. Glücklicherweise entsteht nur Sachschaden.

Am Morgen danach drängen Schaulustige bis nah an den Brandherd heran. Die Rauchschwaden scheinen sie nicht zu beeindrucken.

Der Blick in das Foyer des Theaters im ersten Stock zeigt das ganze Ausmaß des Schadens. Experten der Kriminalpolizei finden in der Ruine Spuren, die auf fahrlässige Brandstiftung hindeuten.

Zur Spielzeit 1967 kann das Theater, das nun auch Spielstätte der Landesbühne ist, mit der Komödie Lysistrata wieder eröffnet werden.

AEGI – EIN PLATZ IM WANDEL

Hanomag Maschinenbau in Linden hat Anfang der Sechziger noch seine große Blütezeit und braucht viele Arbeitskräfte. Im Oktober 1961 kommen Spanier auf dem Hauptbahnhof an …

»GASTARBEITER« FÜRS WACHSTUM

Bereits 1955 schloss die junge Bundesrepublik ein Anwerbeabkommen für Arbeitskräfte mit Italien ab; 1960 folgten Spanien und Griechenland, bis 1968 dann noch die Türkei, Marokko, Portugal, Tunesien und Jugoslawien. Vor allem nach dem Mauerbau 1961, als der Zuzug aus der DDR abrupt abbrach, stieg der Bedarf an zusätzlichen Arbeitskräften in den Fabriken. In Hannover kamen Anfang der sechziger Jahre vor allem viele Menschen aus Spanien und arbeiteten bei VW Nutzfahrzeuge, Continental, Hanomag, Telefunken oder Bahlsen und trugen bis zur ersten Wirtschaftskrise 1967 zu hohen Wachstumsraten in der hannoverschen Wirtschaft bei.

Viele Gastarbeiterinnen und Gastarbeiter wohnten in großen Gemeinschaftsunterkünften, meist nach Geschlechtern getrennt. So wurde die Gegend um den Hauptbahnhof zum Treffpunkt nach Feierabend und am Wochenende. Während der Betriebsferien im Sommer und zu Weihnachten wurden Sonderzüge in die Herkunftsländer eingesetzt.

… im Sommer 1962 folgen zahlreiche Spanierinnen.

Bei Telefunken in Ricklingen, wo hauptsächlich Fernseher und Radios hergestellt wurden, gibt es eher »saubere« Arbeitsplätze. Und so können die spanischen Arbeiterinnen in ihren Arbeitspausen »Bella Figura« machen.

Bei VW Nutzfahrzeuge in Stöcken arbeiten 1962 auch viele junge Männer aus Italien, die hier ihren Feierabend in der Abendsonne genießen. Im Hintergrund sind ihre einfachen zweistöckigen Unterkünfte zu sehen.

Treffpunkt vieler Gastarbeiter ist 1966 der Ernst-August-Platz, auf dem sich, wie auf mediterranen Plätzen üblich, ausschließlich Männer versammeln.

Endlich nach Hause! Am 19. Dezember 1961 geht es mit einem Sonderzug vom Hauptbahnhof aus in den Weihnachtsurlaub nach Spanien.

Im März 1960 werden die Sende- und Empfangsanlagen auf dem Fernmeldeturm montiert, kurze Zeit später ist der Fernsehempfang in ganz Hannover und Umgebung so gut wie nie zuvor.

HOCH HINAUS …

Mit seinen 141 Metern Höhe war der Fernsehturm hinter dem Hauptbahnhof lange Zeit Hannovers höchstes Bauwerk. Baubeginn war 1958, im April 1960 wurde er in Betrieb genommen und erhielt bald den Spitznamen »Pusteblume«. Ein geplantes Turmcafé wurde nicht realisiert.

Das nächste hohe Bauwerk war das Heizkraftwerk Linden, das 1962 fertiggestellt wurde. In den drei Kraftwerksblöcken wurde aus mit Heizöl vermischtem Steinkohlenstaub Strom und warmes Wasser für die neu gebauten Fernwärmeleitungen erzeugt. Die Steinkohle wurde bis 1990 per Bahn vom Lindener Hafen bezogen; von dem Verladeterminal in der Fössestraße gelangte sie auf unterirdischen Förderbändern in das Kraftwerk. Mit dem Bau des Ihmezentrums mussten die Schornsteine 1975 von 65 auf 125 Meter erhöht werden.

Der Fernmeldeturm ist schon fertig, das Paketamt an der Hamburger Allee noch im Rohbau. Heute ist das Gebäude Sitz des Fachbereichs Soziales der Landeshauptstadt Hannover.

Der dritte Turm des neuen Heizkraftwerks ist im August 1962 fast vollendet. Im Vordergrund der Küchengarten, links die Einmündung in die Limmerstraße.

Im Herbst 1962 sind die Bauarbeiten so gut wie abgeschlossen. In der Mitte des Bildes wird noch an der neuen Spinnereibrücke gearbeitet. Am rechten mittleren Bildrand sind Teile der alten Lindener Samtwerke zu erkennen, die knapp zehn Jahre später dem Ihmezentrum weichen müssen. Der große Gasometer im Hintergrund, der den Zweiten Weltkrieg unbeschadet überstanden hat, wird Anfang der 1970er Jahre abgerissen.

Im Winter 1962/63 spiegeln sich die imposanten Türme des Heizkraftwerks in der Ihme.

Erste Bohrungen im Juni 1965 sollen die Beschaffenheit des Untergrundes zeigen.

… UND TIEF HINAB

Am 23. Juni 1965 beschloss der Rat der Stadt Hannover den Bau einer U-Bahn. Die Arbeiten begannen noch im gleichen Jahr mit dem Bau der Stadtbahnlinie A – den heutigen Linien 3, 7 und 9 – am Waterlooplatz. Zehn Jahre später war die erste Strecke fertig, doch noch fast 20 Jahre wurde weiter gegraben, bis das unterirdische Stadtbahnsystem komplett war. Und auch 50 Jahre nach dem ersten Spatenstich ist die Diskussion um die D-Linie nicht abgeschlossen.

Nach Ansprachen von Ministerpräsident Dr. Georg Diederichs, Oberbürgermeister August Holweg und anderen beginnt am 16. November 1965 am Waterlooplatz der Bau der U-Bahn. Damit ist das größte Bauvorhaben in der Geschichte der Landeshauptstadt Hannover offiziell eingeleitet.

Ein großer Teil der ersten U-Bahn-Linie wird in offener Bauweise erstellt, wie hier in Höhe des Alten Rathauses mit Blick in die Karmarschstraße.

Und um 90 Grad gedreht der »klassische Altstadtblick« mit dem Alten Rathaus und der Marktkirche dahinter. Davor die Treppenanlage zur U-Bahn Station.

Waterlooplatz: Zwei Jahre nach dem ersten Spatenstich. Im Vordergrund ist der Abzweig der Linie 9 zum Schwarzen Bären zu sehen.

Ausnahmsweise kein großes Loch für die U-Bahn, sondern die Baustelle für den Neubau des Kaufhof-Warenhauses an der Bahnhofstraße im Frühjahr 1967. Auf der linken Seite ist die Große Packhofstraße zu sehen, im Hintergrund Schiller- und Rosenstraße.

Ob leicht bekleidet auf dem Dach des Magis-Kaufhauses am Kröpcke …

KAUFEN, KAUFEN, KAUFEN

Das Wirtschaftswunder der 1950er Jahre hielt auch im folgenden Jahrzehnt an. Man konnte und wollte sich etwas leisten, und die Werbung zielte mit zum Teil spektakulären Veranstaltungen auf die Geldbeutel ihrer Kundinnen und Kunden. Leuchtreklamen erhellten die Innenstadt am Abend, aber da die Geschäfte nur bis 18 Uhr und an Samstagen bis 13 Uhr geöffnet sein durften, waren publikumsträchtige Aktionen gefragt. Ob Elefantenparade auf der Karmarschstraße oder die schwerste luftgetrocknete Mettwurst Hannovers an der Limmerstraße, Hauptsache, es schaffte Aufmerksamkeit.

Streng geregelt waren auch die beiden Schlussverkäufe im Winter und im Sommer, die beim Ansturm der zahllosen Kaufwilligen zu regelrechten »Schlachten« an den sogenannten Grabbeltischen mit reduzierten Preisen führten.

1967 bekam das Warenhaus Karstadt, das sein im Zweiten Weltkrieg zerstörtes Gebäude an gleicher Stelle in der Georgstraße schon 1954 wiedereröffnet hatte, Konkurrenz durch Kaufhof in der Bahnhofstraße und ein Jahr später durch Neckermann in der Großen Packhofstraße.

… oder in warmen Pelzmänteln für den nächsten Winter vor dem Café Kröpcke, Modeaufnahmen im Stadtgeschehen sind beliebt.

Viel schlichter geht es auf dem »Pöttemarkt«, dem Markt für Topf- und Porzellanwaren zu, der damals noch an der Marktkirche stattfindet und später auf den Klagesmarkt umzieht.

Die Buchhandlung Leuenhagen und Paris eröffnet ihr neues Geschäft 1960 mit einer Autogrammstunde des populären Opernsängers Rudolf Schock.

Mit einem großen Schiffsmodell der Rotterdam wirbt die Holland-Amerika Lijn 1960 an der Markthalle für die Fahrt über den großen Teich.

Fast zeitgleich wird 1960 auf dem Betriebshof der Markthalle ein Geschicklichkeitsfahren ausgetragen. Auf der Schräge eine Borgward Isabella, in den fünfziger Jahren eine beliebte Mittelklasselimousine aus Bremen.

In der Karmarschstraße macht Zirkus Althoff 1960 mit einer großen Elefantenparade auf seine Vorstellungen auf dem Schützenplatz aufmerksam.

Heute so nicht mehr vorstellbar, aber 1960 war die Luftwaffenausstellung »Unsere Luftwaffe« auf dem Klagesmarkt ein Publikumserfolg bei Jung und Alt.

Ein Kandidat für das Guinness-Buch der Rekorde? Die Fleischerei Tiemann aus der Limmerstraße präsentierte 1960 »die schwerste, luftgetrocknete, harte Mettwurst, die bisher in Hannover hergestellt wurde! Gewicht: 81 1/2 Pfund«.

Im Winter 1963/64 wird die Flusswasserkunst von 1898, die Brunnen, Straßen und Grünanlagen mit Brauchwasser versorgte, komplett abgerissen. Vom Maschinenhaus stehen zu jener Zeit nur noch die Seitenmauern, das angrenzende Wohnhaus ist noch intakt.

ALTES MUSS WEICHEN

Die historisierende Architektur des 19. Jahrhunderts war in den 1950er und 1960er Jahren bei Architekten und Stadtplanern nicht besonders gern gesehen, und auch viele Hannoveraner zogen lieber aus den Gründerzeithäusern mit Ofenheizungen und »Toiletten halbe Treppe« in die neu errichteten Gebäude. Nachdem für die »Autogerechte Stadt« in den 1950er Jahren der Cityring durch historisch gewachsene, aber meist vom Krieg zerstörte Wohnbebauung gelegt wurde, mussten zwischen 1960 und 1966 auch unbeschädigte Gebäude fallen, um neuen Projekten Platz zu machen.

Bis heute wird vor allem der Flusswasserkunst beim Leineschloss und dem Friederikenschlösschen nachgetrauert. Doch auch die Nikolaikirche am Steintor, Hannovers ältestes Gebäude aus dem Mittelalter, blieb nicht verschont. Große Teile der 1943 schwer beschädigten Kirche mussten dem Ausbau der Straße Goseriede weichen. Durch den im 14. Jahrhundert angelegten Nikolaifriedhof wurde die Celler Straße gelegt und die Begräbnisstätte somit in zwei Teile zerschnitten. 1959/60 wurde auch die im Krieg nur mäßig beschädigte Garnisonkirche am Goetheplatz abgerissen. Sie musste dem neuen Schwesternwohnheim des Friederikenstiftes Platz machen. In der Bevölkerung herrschte angesichts des Mangels an Gotteshäusern großes Unverständnis über diese Maßnahme.

Eine Wandmalerei in der Maschinenhalle zeigte die spätmittelalterliche Klickmühle, die ungefähr an der Stelle der Flusswasserkunst stand.

Der 32 Meter hohe Wasserturm ist eingerüstet. Da der eigentlich geplante behutsame Abriss wegen des harten Steinmaterials viermal so lange dauert wie geplant, kommt doch die Abrissbirne zum Einsatz. Die Folge: Teile des Turmes stürzen auf die Karmarschstraße.

Zum Schluss wird im Januar 1964 der Wohntrakt abgetragen.

Die 1896 im Zusammenhang mit dem Bau der Flusswasserkunst errichtete Friederikenbrücke muss schon 1960 weichen.

Eigentlich fehlt 1960 nur ein bisschen Farbe an dem 1817 vom Hofarchitekten Laves errichteten Friederikenschlösschen am Friederikenplatz. 1966 wird es abgerissen; ein dort geplanter Neubau der Niedersächsischen Staatskanzlei wird nie realisiert.

Nicht gerade zimperlich geht man 1960 mit dem Baumbestand und der alten Mauer auf dem Nikolaifriedhof um, die der Verbreiterung der Goseriede zum Opfer fallen. Links ist noch die Ruine der kleinen Nikolaikirche zu sehen, die ebenfalls zum großen Teil Platz machen muss.

ALTES MUSS WEICHEN

Der Blick vom neuen Fernmeldeturm zeigt die Bebauung hinter dem Hauptbahnhof 1963. Die Hamburger Allee im Vordergrund ist bereits angelegt, im Hintergrund die neuen Gerichtsgebäude an der Fernroder Straße. Die großen Backsteingebäude in der Mitte gehörten zum Gerichtsgefängnis aus dem 19. Jahrhundert. Alle Gebäude in der Bildmitte werden wenig später abgerissen und machen Platz für die Hochstraße und später für den Raschplatz.

Nach nur wenigen Wochen sind im August 1963 schon sämtliche Gebäude des Gefängnisses abgebrochen. Auf dem Gelände des heutigen Raschplatzpavillons und des Andreas-Hermes-Platzes war eigentlich ein neues Schauspielhaus geplant. Die Straßenzeile vorne links wird Anfang der siebziger Jahre für den Bau des Bredero-Hochhauses abgerissen.

Die Alte Celler Heerstraße, heute Lister Meile, im Frühjahr 1963. Im Hintergrund ist der Hauptbahnhof zu sehen, die Mauer links gehört zum Gerichtsgefängnis. Ein paar Monate nach der Aufnahme werden alle hier sichtbaren Gebäude abgerissen und müssen der Hochstraße der Hamburger Allee weichen.

Im November 1969 wird die Gaststätte Neues Haus abgerissen, da an gleicher Stelle die neue Musikhochschule entsteht. Die Umrandungen der großen Fenster im ersten Stock werden als Erinnerung auf dem Vorplatz aufgestellt und sind bis heute am Emmichplatz zu sehen.

Anfang 1960 wird auch der zweite Turm der Garnisonkirche abgebrochen.

Über 100 Jahre produzierte die Mechanische Weberei feine Stoffe, berühmt war der Lindener Samt. Das Fabrikgelände – links von der Ihme – muss Anfang der siebziger Jahre komplett dem Ihmezentrum weichen. Im Hintergrund dieses Fotos von 1965 sind die drei neuen Türme des Heizkraftwerks zu sehen.

Die 1962 vom Karlsruher Architekten Werner Dierschke errichtete Bugenhagenkirche gilt mit ihrer ausdrucksvollen runden Bauform, der Materialität und ihrem ungewöhnlichen Glockenturm als einer der bedeutendsten Kirchenbauten ihrer Zeit in Niedersachsen.

HANNOVER WÄCHST WEITER

Nach dem rasanten Wiederaufbau in der Nachkriegszeit erreichte die Bevölkerungsentwicklung in Hannover 1962 den allzeit höchsten Stand mit 574 754 Einwohnern, und das auf einer viel geringeren Stadtfläche als heute, weil viele Ortschaften wie Misburg und Ahlem noch nicht eingemeindet waren. Nachdem in den 1950ern die Schwerpunkte des Bauens fast ausschließlich bei Wohnungen, Schulen, Wirtschaft und Verkehr lagen, wurden in den 1960er Jahren zwei Museen, mehrere Krankenhäuser und Kirchen errichtet.

Die frühen Nachkriegsbauten waren in der Regel nur vier- bis fünfstöckig und noch klassisch aus Ziegeln gemauert. Sie lagen meist noch in den zerstörten Vorkriegsvierteln. Doch in den sechziger Jahren wurde verstärkt auf der »grünen Wiese« an den Stadträndern und mit Stahlbeton deutlich höher gebaut. Große Krankenhäuser entstanden, und das erste Großwohnprojekt am Mühlenberg – damals gut gemeint – ist heute allerdings wie einige andere Trabantenstadtteile mit stark verdichteter Wohnbebauung ein sozialer Brennpunkt.

Im Jahr 1960 feiert die Corviniuskirche in Stöcken mit ihrem ungewöhnlichen, zeltförmigen Kirchenschiff, entworfen vom Architekten Roderich Schröder, Richtfest. Der Bau des 35 Meter hohen, freistehenden Glockenturms zieht sich bis 1962 hin. Die Kirche wurde 2012 entwidmet.

Hermann Zvi Guttmann war der Architekt der neuen Synagoge an der Haeckelstraße, 1963 eingeweiht.

Guttmann hatte schon 1960 die Kapelle des Jüdischen Friedhofs in Bothfeld errichtet.

1960 ist das alte Zeughaus neben dem Beginenturm noch eine Ruine.

1963 sind die Bauarbeiten für das neue Historische Museum in vollem Gang. Der Architekt Dieter Oesterlen integrierte die Mauern des alten Zeughauses in das moderne Gebäude.

Das Foyer des Museums mit der großen Wendeltreppe kurz nach der Eröffnung 1967.

Um das im Zweiten Weltkrieg beschädigte Kestner Museum neben dem Neuen Rathaus wurde von 1958 an ein neuer Betonquader mit 5000 kleinen Fenstern erbaut.

Teile der alten Fassade sind in den lichten Neubau integriert.

Zeitgleich mit dem Bau des Kestner Museums wird der Trammplatz 1960/61 vor dem Neuen Rathaus um einen Meter abgesenkt, um sich vom verkehrsreichen Friedrichswall abzugrenzen.

Streng geometrische, versetzte Rechtecke als Baumscheiben, Brunnen oder Blumenbeete gliedern den vom Stadtgartendirektor Laage gestalteten Platz, der sich nun auch für große Versammlungen eignet.

Das 1965 fertiggestellte Hotel Intercontinental am Friedrichswall, in Hannover nur Interconti genannt, ist damals das größte Hotel in der niedersächsischen Landeshauptstadt.

Ende der sechziger Jahre ist die Errichtung der Medizinischen Hochschule auf 40 Hektar im Roderbruch eines der größten Bauprojekte in Hannover.

Das große Parkdeck an der MHH ist für 1 200 PKW ausgelegt.

Nach nicht einmal 60 Jahren schon wieder Geschichte: Das 1960 fertiggestellte Oststadt-Krankenhaus, seinerzeit größtes und modernstes Hannovers, muss neuer Wohn- und Gewerbebebauung Platz machen.

Am südwestlichen Rand der Stadt entsteht 1969 der Trabantenstadtteil Mühlenberg.

Die Familien der »Gastarbeiter«, die in der Döhrener Wolle arbeiteten, leben in den kleinen Arbeiterhäusern der Werkssiedlung, dem sogenannten »Döhrener Jammer« und in ehemaligen Zwangsarbeiterbaracken aus dem Zweiten Weltkrieg.

DIE IM SCHATTEN STEHEN

Der Aufschwung und der neue Wohlstand kamen nicht bei allen Menschen in Hannover an. Die Renten der Kriegerwitwen und Kriegsveteranen waren ziemlich gering. Viele deutschstämmige Flüchtlinge aus Südosteuropa wurden erst langsam integriert und lebten lange Zeit abseits der Wohngebiete in Barackensiedlungen. Die sogenannten »Gastarbeiter« wurden in der Regel nach der untersten Lohngruppe bezahlt und mussten in – nach Geschlechtern getrennten – Wohnheimen unterkommen oder lebten mit ihren Familien in alten Industriearbeiterhäusern der Jahrhundertwende.

An unterster Stelle der sozialen Hierarchie standen die Sinti und Roma, als »Zigeuner« misstrauisch beäugt. Selbst in einer 1967 erschienen Schriftenreihe des Bundeskriminalamtes heißt es: »Die Zigeuner haben weder einen festen Wohnsitz noch gehen sie einer geregelten Berufstätigkeit nach. Der Hang zu einem ungebundenen Wanderleben und eine ausgeprägte Arbeitsscheu gehören zu den besonderen Merkmalen des Zigeuners.« Nachdem Sinti und Roma bis Anfang der sechziger Jahre auf Teilen des Schützenplatzes ihre Wagen aufstellen durften, wurden sie nach Hainholz und Altwarmbüchen verbannt, zynischerweise in das alte Sammellager, aus dem 1943 80 Sinti nach Auschwitz deportiert und dort ermordet worden sind. Am Neujahrsmorgen 1966 brannte »das Zigeunerlager in Altwarmbüchen« ab, so die Bildbeschreibung aus dem HAZ-Archiv.

1960 wurde in Linden am Westschnellweg das Frauen- oder Ledigenwohnheim gebaut, heute wird hier das Hotel Amadeus betrieben.

Nur auf den ersten Blick idyllisch: Schulkinder auf dem Heimweg in einem Hinterhof in Linden – Mitte der sechziger Jahre.

Ein wenig wie die Trümmerfrauen in den vierziger Jahren: Ältere Frauen sammeln im April 1960 unter Aufsicht von Männern Steine neben der Baustelle des Bremer Damms auf. Im Hintergrund der Anfang der alten Herrenhäuser Allee und das Conti-Hochhaus.

Wohnen auf kleinstem Raum und unter primitiven Bedingungen: 1965 gibt es fünf Dauerwohnwagenplätze in Hainholz.

Zwei junge Sintizas vor dem Schaufenster einer Drogerie in Linden 1961.

Bildunterschrift des HAZ-Hauschild-Archivs vom 1. Januar 1966: »Feuerwehr. Abbrennen des Zigeunerlagers in Altwarmbüchen«.

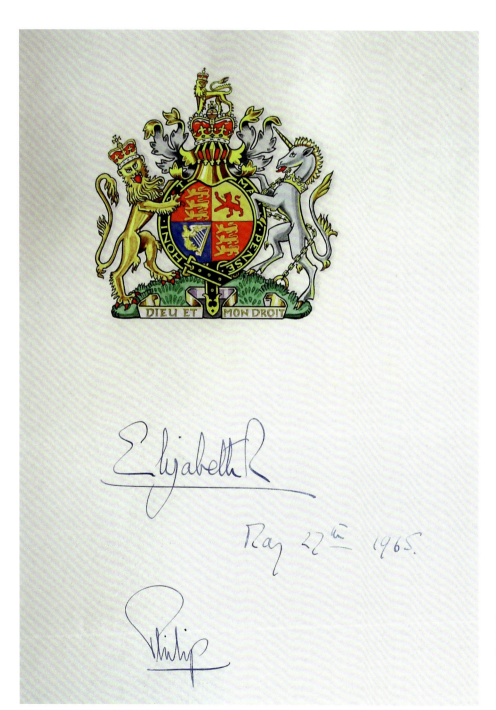

Der Eintrag unter königlichem Wappen in das Goldene Buch der Stadt Hannover: Elisabeth Regina und Philip.

KÖNIGLICHER BESUCH

Im Mai 1965 besuchte zum ersten Mal seit fast 60 Jahren ein britisches Oberhaupt Deutschland. »Der Königin und dem Prinzen Philip wird man in Deutschland einen Empfang bereiten, wie sie beide ihn noch nirgends erlebt haben, nicht einmal im Commonwealth«[1], prophezeite schon 1964 die »Daily Mail«, und der »Guardian« registrierte: »Kein Mensch ist in Deutschland willkommener als die Queen«. Und so wurde der bis dahin mit 500000 DM teuerste Staatsbesuch ein Triumphzug für Elisabeth II. und den Prinzgemahl. Am 27. Mai besuchten sie auf ihrer elftägigen Deutschlandreise auch Hannover.

Eigentlich sollte es nur eine Stippvisite sein, denn die Königin landete erst gegen 17.30 Uhr von Berlin kommend auf dem Flughafen Langenhagen. Etwa 200000 Menschen säumten die Straßen, als sie in einem offenen Mercedes vom Rathaus zum Landtag und dann nach Herrenhausen fuhr. Nach dem offiziellen Empfang im Galeriegebäude wurde im Großen Garten ein großes Feuerwerk zur Musik Händels abgebrannt. Schon damals wurde sie – ironischerweise wie ihre Ex-Schwiegertochter Diana 30 Jahre später – als »Königin der Herzen« bezeichnet.[2]

Der Kurzbesuch der englischen Königin war wohl das bedeutendste gesellschaftliche Ereignis in Hannover in den 1960er Jahren. Umso erstaunlicher ist, dass es leider nur sehr wenige offizielle Fotos gibt.

Elisabeth II., damals 39 Jahre alt, in einem gelben Kleid mit gelbem Mantel lächelt und grüßt in die Menge. Neben ihr Ministerpräsident Georg Diederichs.

Elisabeth II. im offenen Staatswagen gemeinsam mit dem Niedersächsischen Ministerpräsidenten Georg Diederichs, bejubelt von den Hannoveranern. Im Fahrzeug dahinter das ältere Mercedesmodell aus den fünfziger Jahren mit Prinz Philip und Karin-Rut Diederichs.

Ankunft am Neuen Rathaus, Elisabeth II. wird auf dem roten Teppich von Oberbürgermeister August Holweg begrüßt.

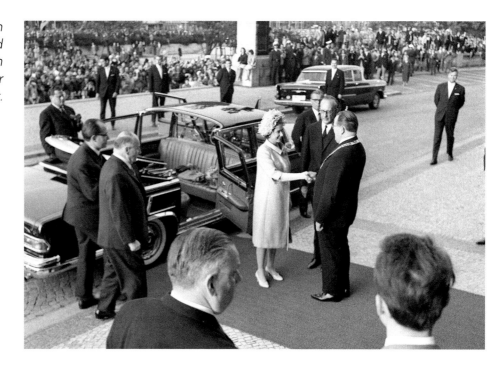

Der Balkon des Neuen Rathauses lässt fast an den Buckingham Palace erinnern. Endlich haben die Hannoveraner die Gelegenheit, der Königin vom Trammplatz zuzujubeln.

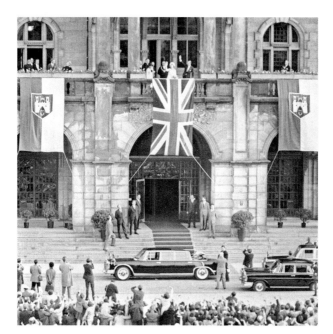

In der 1722 errichteten Orangerie überwintern bis 1970 die zahlreichen Kübelpflanzen, bis außerhalb der Gärten neue, große Überwinterungshäuser gebaut sind. Die Orangerie ist heute Konzert- und Veranstaltungssaal.

»GUTE STUBE« BLÜHT WIEDER AUF

Nachdem die Stadt Hannover den Großen Garten und Berggarten 1936 den Welfen abgekauft hatte, wurde innerhalb von nur elf Monaten eine Komplettsanierung des barocken Gartens durchgeführt, nicht immer nach historischem Vorbild. Das Ergebnis dieser »schöpferischen Gartendenkmalpflege« wurde nur wenige Jahre später wieder zunichte gemacht. Das Schloss Herrenhausen war zwar vollständig zerstört, doch Galerie und Orangerie hatten nur leichte Schäden. Diesen engeren Schlossbezirk kaufte die Stadt erst 1961.

Schon 1955 sprangen wieder die Fontänen, doch es dauerte noch zehn Jahre, bis auch das Parterre und die Sondergärten wieder üppig bepflanzt waren. Obwohl es keinerlei Hinweis in den Archiven gab, wurde das Gründungsjahr des Großen Gartens auf 1666 festgelegt, so dass man 1966 das 300. Jubiläum groß feiern konnte, nach Aktenlage eigentlich fast zehn Jahre zu früh.

Großen Widerstand in der Bevölkerung gab es gegen den Bella-Vista-Entwurf des weltbekannten dänischen Architekten Arne Jacobsen, eine große Aussichtsplattform mit Restaurant auf dem Schlossgrundstück zu bauen. Das Projekt wurde aufgegeben, stattdessen baute Arne Jacobsen das lichtdurchflutete Glasfoyer neben der Galerie.

Der Große Garten war wieder die »gute Stube« Hannovers, durch die Generationen von Kindern mit ihren Eltern und Großeltern den Sonntagsspaziergang absolvieren mussten.

Der alte Palmentransportwagen von Mitte des 19. Jahrhunderts ist bis 1990 im Einsatz.

Höhepunkte der sommerlichen Saison sind bis in die frühen 1960er Jahre die Königlichen Spiele mit hunderten Akteuren und das Lichterfest mit kostümierten Reitern und einem großen Feuerwerk zur Feuerwerksmusik von Händel.

Sonntagsspaziergang mit der ganzen Familie im Großen Garten: Anfang der sechziger Jahre blühen zwar schon wieder die Sommerblumen in den Rabatten, die Buchsbaumornamente sind aber erst 1966 wiederhergestellt. Hinter der Kaskade stehen noch die alten Linden und Kastanien, die wenig später gefällt werden, links daneben der nicht ganz so hohe, 20-jährige Wildwuchs auf dem Grundstück des zerstörten Schlosses.

Ein kühner Entwurf von Arne Jacobsen war Bella Vista, eine Aussichtsplattform mit darunter liegendem gläsernen Restaurant.

Diese Fotomontage des Bella-Vista-Entwurfs im Großen Garten heizte den Protest gegen das Projekt an. Sie zeigt, wie stark das Gebäude den Großen Garten geprägt hätte. Von der Aussichtsplattform wäre der Blick sicher grandios gewesen, aber das Bauwerk hätte den Garten zu sehr dominiert.

1965 kann Arne Jacobsen mit dem gläsernen Foyer neben der Galerie, das eigentlich Teil des großen Projektes Bella Vista war, doch noch ein Gebäude in Herrenhausen realisieren. Es ist ein überaus gelungenes Beispiel, wie sich moderne Architektur in ein historisches Ensemble einfügen kann.

Ein Jahr vor der 300-Jahr-Feier des Großen Gartens sind im Sommer 1965 die Vorbereitungen in vollem Gange. Die Ornamente des Großen Parterres sind fast fertig, das Sommercafé hinter der Großen Kaskade bereits eröffnet. Dahinter ist die große Baugrube für das gläserne Arne-Jacobsen-Foyer zu sehen. Die Schlosstreppe steht noch mitten auf der Rasenfläche. Die Treppenläufe werden wenig später entfernt und der mittlere Türbogen an die Westliche Parterreachse versetzt. Die den Ehrenhof flankierenden Lakaienhäuser werden wenige Monate später abgerissen.

Feuchtfröhlicher Aufenthalt im …

»GAMMLER« AM GEORGSPLATZ

1966 wurden junge Menschen, die sich dem Arbeitsleben entziehen und auf der Straße leben, mit dem Ausdruck Gammler tituliert und schafften es auf die Titelseiten der großen Zeitungen und Magazine. Man schätzte, dass es in Deutschland maximal tausend waren, in ganz Europa etwa 5000. Und doch entzündete sich an diesen wenigen unkonventionellen Menschen der Hass der »anständigen« Mehrheit. Selbst Bundeskanzler Ludwig Erhard verkündete: »Solange ich regiere, werde ich alles tun, um dieses Unwesen zu zerstören.« Anders als die Rocker und Mods zehn Jahre zuvor waren die Gammler die Vorboten der Love-and-Peace-Bewegung und der Studentenproteste der 68er. »Der Spiegel« nannte sie »die langsamste Jugendbewegung aller Zeiten: der Müßiggang«.

Treffpunkt der Gammler in Hannover war der Georgsplatz mit seinen Brunnen, auf dem noch in den 1950er Jahren ausschließlich die Beschäftigten der umliegenden Banken ihre Mittagspausen verbrachten. Die Stadt Hannover ließ sich das nicht lange gefallen. Mit Wasser, Besen und Desinfektionsmitteln ging sie gegen die unangepassten jungen Menschen vor. Unter Applaus der Passanten: »Die gehören ins Arbeitshaus«, bzw. »mit Knüppel hier runter jagen! Bei Adolf hätt's so was nicht gegeben!«[3]

... oder am Brunnen auf dem Georgsplatz, und das auch noch mit Alkohol am helllichten Tag. Das ging gar nicht.

Gerade noch erlaubt: Junge Leute sonnen sich vor der Oper in der Frühlingssonne. Schlips und Handtasche zeigen, dass sie wohl geregelter Arbeit nachgehen.

Wer dann auch noch im Freien übernachtet, muss mit dem Besuch der Polizei rechnen.

Um wieder Ordnung und Sauberkeit herzustellen, schreckt die Stadtverwaltung 1967 auch nicht vor öffentlichen Desinfektionen zurück.

Nicht jeder »Gammler« schnorrt und erbettelt seinen Lebensunterhalt. Eine Möglichkeit sind Pflastermalereien wie 1969 in der Nordmannpassage.

Der Trauermarsch für Benno Ohnesorg zieht am 9. Juni 1967 durch die Georgstraße. Im Hintergrund der Steintorplatz.

TRAUER-DEMO UND ROTER PUNKT

Als der in Berlin am 2. Juni 1967 von der Polizei bei einer Demonstration erschossene Benno Ohnesorg nach Hannover überführt und auf dem Bothfelder Friedhof beerdigt wurde, begann die Zeit der großen Demonstrationen von Studenten, Schülern und Lehrlingen in Hannover. Am 9. Juni zogen 7000 Studenten in einem Schweigemarsch durch die Innenstadt, gegen alle Befürchtungen friedlich. In den Folgejahren wurde regelmäßig gegen Missstände in Universitäten und Schulen, Diktaturen in Persien, Griechenland und Spanien und gegen den Vietnamkrieg der USA protestiert. Vor allem im Frühjahr 1968 gab es zum Teil mehrmals in der Woche Demonstrationen.

Eine bundesweit beachtete Aktion gegen eine 33-prozentige Fahrpreiserhöhung der ÜSTRA war die »Aktion Roter Punkt«. Vom 12. bis 17. Juni 1969 wurde der Straßenbahnverkehr durch Protestierende komplett lahmgelegt, im Gegenzug organisierten die Demonstranten einen Ersatzverkehr mit Autos. Ein Roter Punkt auf der Windschutzscheibe signalisierte die Bereitschaft, Fahrgäste mitzunehmen. Sogar die Kommunalverwaltung und die hannoverschen Tageszeitungen druckten und verteilten Rote-Punkt-Aufkleber. Die Aktion war erfolgreich beendet, als der Rat der Stadt den Fahrpreis wieder auf 50 Pfennig reduzierte und danach sogar beschloss, das Privatunternehmen zu kommunalisieren.

Im Lichthof des Hauptgebäudes der Technischen Hochschule Hannover – heute Leibniz Universität Hannover – werden im Rahmen einer Trauerfeier für Benno Ohnesorg zahlreiche Kränze niedergelegt.

»Kopfarbeit steigern Kriegsdienst verweigern«: Die größten Demonstrationen in den Sechzigern sind für Frieden und gegen den Vietnamkrieg, wie hier im November 1969 auf der Georgstraße.

»Die Direktoren sind eine kleine, radikale Minderheit«: Am 3. April 1968 demonstrieren hannoversche Schüler gegen autoritäre Direktoren.

Bei einer Friedensdemonstration vor dem Hauptbahnhof am 12. April 1968 wird auch an den acht Tage zuvor ermordeten amerikanischen Bürgerrechtler Martin Luther King jr. erinnert.

Beim Ostermarsch am 15. April 1968 demonstrieren die Teilnehmer für Abrüstung und gegen den Vietnamkrieg. Die Bilder von Rudi Dutschke auf den Stufen des Opernhauses erinnern an das Attentat in Berlin, vier Tage zuvor, bei dem der Studentenführer lebensgefährlich verletzt wurde.

Im Sommer 1968 demonstriert der DGB für mehr Mitbestimmung und gegen die Notstandsgesetze auf dem Arthur-Menge-Ufer (heute Robert-Enke-Straße) zwischen Stadion und Schützenplatz. Den Demonstrationszug führt eine Bergmannskapelle mit Blasmusik an.

An den ersten Protesten gegen die Fahrpreiserhöhungen beteiligen sich hauptsächlich Schüler und Studenten, die die Straßenbahngleise an den Hauptknotenpunkten blockieren.

Auch diese Straßenbahn am Steintor kann nicht in Richtung Goethestraße weiterfahren.

Freiwillige organisieren eine Woche lang den Roten-Punkt-Ersatzverkehr an Mitfahrerstopps, wie hier in der Kurt-Schumacher-Straße.

In der Georgstraße verkehren sogar Privatbusse im Pendelverkehr zu den Vororten wie Badenstedt.

Gartenatmosphäre in der Mitte der Stadt im Café Kröpcke.

DRAUSSEN NUR KÄNNCHEN!

Muss man der »Latte-Macchiato-Generation« erklären, dass es in den Sechzigern nur Filterkaffee in den Gaststätten gab? Oft mit der Betonung »echter Bohnenkaffee«, da der Kaffeeersatz der Kriegs- und Nachkriegsjahre noch in guter Erinnerung war. Und da es sich für die Kellnerinnen und Kellner nicht lohnte, den langen Weg auf die Terrasse mit nur einer Tasse Kaffee zu machen, gab es eben die Regel »Draußen nur Kännchen!«.

Vor dem Zweiten Weltkrieg hatten die Caféhäuser in der Innenstadt bis auf das Café Kröpcke keine Außengastronomie. Um im Freien trinken und speisen zu können, fuhr man zur Stadthalle, in den Tiergarten oder in eines der vielen anderen Ausflugslokale mit Tausenden Plätzen, die aber meist nur an den Wochenenden besucht wurden. Das schon 1948 wieder aufgebaute Café Kröpcke war schnell erneut der Mittelpunkt Hannovers und hatte damals noch einen echten Kaffeegarten, der sehr sonnig war, da das Kröpcke Center den Platz noch nicht verschattete. Dieses Kaffeehaus wurde im Zuge des U-Bahn-Baus 1971 abgerissen.

Die Gaststätte »Die Insel« am Maschseestrandbad erlaubte Freizeitkleidung, man konnte sich sogar auf den vorgelagerten Rasenflächen sonnen.

Bis zum Abriss des Gebäudes 1969 gehen gerade ältere Menschen in die Gaststätte Neues Haus am Emmichplatz, einst das eleganteste Ausflugslokal Hannovers.

Einen grandiosen Blick auf die Stadt hat man vom höchsten Café Hannovers im Anzeiger Hochhaus. Im 7. Stock gibt es Kaffee und Kuchen bis zur Schließung im Jahr 1966.

1965 erhält der Große Garten erstmalig eine Gastronomie. Hinter dem im Bau befindlichen Arne-Jacobsen-Foyer erstreckt sich neben einem schlichten Pavillonbau ein großer Kaffeegarten, einer der ersten mit Selbstbedienung. Ende der 1990er Jahre entsteht an dieser Stelle der Blumengarten.

DRAUSSEN NUR KÄNNCHEN!

Traditionell kommt der Kohlenmann im Herbst und bringt zentnerweise Eierkohlen und Briketts in die Keller. Entsprechend war die Winterluft auch mit Hausbrandrauch belastet.

KOHLENMANN UND TANKWARTIN

Vieles, was vor etwa 50 Jahren noch alltäglich war, ist mittlerweile verschwunden oder hat sich komplett verändert. An einige Dinge erinnert man sich mit einem wehmütigen Schmunzeln wie etwa »richtige« Telefonzellen, wo man nach 22 Uhr Schlange stand, weil dann Ferngespräche erheblich billiger waren. Oder an das Gespräch im »Tante-Emma-Laden« um die Ecke.

Aber diejenigen, die es beispielsweise früher selbst erlebt haben, dürften froh sein, dass sie nicht mehr mit Kohle heizen müssen. Ein Dreh am Thermostat ist doch wesentlich einfacher, als morgens die Kohlen aus dem Keller zu holen und die Glut im Ofen, die man durch ein in Zeitungspapier gewickeltes Brikett am Glimmen hielt, wieder zu entfachen.

Aber es war ja eigentlich schon immer so, dass früher »alles besser war«. Doch trösten Sie sich: Heute ist die gute alte Zeit von morgen!

Nicht unbedingt ein Schnäppchen war die Kohlen-Selbstbedienung. Zwei Mark kosteten vier Kilo Brikett aus dem Automaten, dafür war er Tag und Nacht erreichbar.

Ein echter »Tante-Emma-Laden« ist der Kleine Laden in der Eckerstraße in der Oststadt, hier im Jahr 1968.

Damals ungewöhnlich, dass eine Tankwartin einen bedient. Die kleinen Tankstellen lagen oft noch in Baulücken, kombiniert mit einer winzigen Kfz-Werkstatt. Der Beruf Tankwart ist mittlerweile in Deutschland so gut wie ausgestorben.

Heute passt es in die kleinste Jackentasche, Anfang der sechziger Jahre nahm das mobile Telefon noch den gesamten Beifahrersitz ein.

Eine mittlerweile ausgestorbene Sportart ist Tischfußball, auch Tipp-Kick genannt. Die Norddeutschen Meisterschaften werden am 4. Oktober 1964 im Freizeitheim Linden ausgetragen.

Großes Gedränge vor einem Sonderangebot der hannoverschen Kaffeemanufaktur »Machwitz Kaffee«. Kaffee war immer noch ein Luxusgut, das sich nicht jeder täglich leisten konnte.

Bevor es die Milch homogenisiert und pasteurisiert in Tetrapacks in den Supermarktregalen gab, wurde sie oft noch in Pfandflaschen verkauft. Selbstverständlich bringen die Kundinnen ihren Einkaufskorb oder ein Netz mit in den Laden, Plastiktüten sind noch weitgehend unbekannt und die Edeka-Märkte recht klein und überschaubar.

Bei den vielen Verspätungen der Bahn heute wünscht man sich manchmal wieder den »guten alten« Wartesaal aus den frühen 1960er Jahren herbei. Er war nach den Kriegszerstörungen Ende der vierziger Jahre wieder eingerichtet und ersatzlos geschlossen worden, als der Hauptbahnhof während des U-Bahn-Baus vor 45 Jahren umgebaut wurde. Als diese Aufnahme entsteht, fahren nur Dampf- und Dieselloks durch Hannover, da die Elektrifizierung der Bahnstrecken erst 1963 erfolgt.

Gesicherte Fußgängerüberwege sind noch Mangelware, daher behilft sich diese Dame in der Ferdinand-Wallbrecht-Straße mit einem kleinen Schild, um über die Straße zu kommen. Aus gutem Grund, denn die Zahl der Unfallopfer stieg auch in Hannover durch die Zunahme der Fahrzeuge stetig an.

Reger Betrieb in den Telefonzellen in der Georgstraße. Es gibt damals sogar noch Ablagen für die Handtaschen.

Und zum Schluss ein Bild, das es auch heute fast noch so geben könnte. Der Waschtag in den Waschküchen der Mietshäuser ist strikt geregelt und dauert oft viele Stunden mit Rühren in der heißen Lauge. Eine eigene Waschmaschine können sich damals nur wenige leisten. Da ist es doch einfacher, 30 Minuten im Waschcenter zu warten und eine Zeitschrift zu lesen. Vier Kilogramm Wäsche kosten 1,50 DM, mit drei 50-Pfennig-Münzen zu bezahlen. Geschleudert wird separat in der Edelstahlschleuder.

DIE NACHWEISE

Zitatnachweise:
1 Zitiert in Der Spiegel vom 19.05.1965, http://www.spiegel.de/spiegel/print/d-46272697.html, Abruf am 02.01.17 (Seite 69).
2 http://www1.wdr.de/stichtag/stichtag-262.html, Abruf 02.01.17 (Seite 69).
3 http://www.deutschlandradiokultur.de/utopien-nach-68-die-bunte-republik-der-gegenkulturen.2165.de.html?dram:article_id=374500 (Seite 79).

Abbildungsnachweise:
Historisches Museum Hannover (HMH): S. 8, 9, 10, 13 unten, 16 oben (Foto Joachim Giesel), 16 unten (Foto Hans Wagner), 19 (Foto Joachim Giesel), 30 unten (Foto Heinz Koberg), 44 unten, 48, 50, 54 (Foto Hans Wagner), 56 unten, 57, 58 oben (Foto Wilhelm Meyer), 58 unten, 59 links und rechts, 63 oben, 68, 71, 75 oben und unten, 77, 81 oben.
HAZ-Hauschild-Archiv, HMH: S. 11 oben & unten, 12 oben, 13, 15, 17, 18, 22 oben, 24, 25, 26 links, 27 links & rechts, 28, 29, 32, 35 unten, 38 unten, 39 oben & unten, 40, 41 oben & unten, 45, 46, 47, 60, 63, 64, 65, 66 oben rechts & unten, 67 links & rechts, 70, 71 oben, 76, 80, 83, 84 alle drei, 85 oben & unten, 86, 87, 88, 89, 96 oben, 98, 100, 101.
HAZ-Archiv: S. 21 (Foto Viola Hauschild), 22 unten, 23 oben (Foto beide Joachim Giesel), 23 unten (Foto Heinz Koberg), 26 rechts, 30 oben (Foto Joachim Giesel), 36, 42, 44 oben, 52 (Foto Wolfgang Steinweg), 55, 56 oben, 61 links Foto HEIKO), 62 oben, 74 unten, 82 (Foto Joachim Griesel), 91, 93 oben , 94 (Foto Andre Spolvint), 97.
HAZ-Archiv Wilhelm Hauschild: Titel, 12 unten, 15, 22 oben, 32, 34 oben & unten, 35 oben, 37, 38 oben, 43, 49, 51, 53, 61 rechts, 62 unten, 66 oben links, 69, 72, 73, 74 oben, 78, 79, 80 oben, 81 unten, 90, 92, 93 unten, 95, 96 unten, 99 oben & unten, 100 unten, 101 unten.

DAS LITERATURVERZEICHNIS

Birkefeld, Richard u.a.: Mit 17 – Jugendliche in Hannover, 1900 bis heute. Begleitbuch zur Ausstellung, Schriftenreihe Historisches Museum Hannover, Hannover 1997.
Drews, Joachim und Henkel, Anne-Katrin: Proteste an der Leine. Reihe Lesesaal Heft 9. Nds. Landesbibliothek, Hameln 2003.
Evertz, Gerhard: Jazz. Eine Zeitreise durch das Hannover der 50er- und 60er Jahre, Hannover 2000.
Knocke, Helmut und Thielen, Hugo: Hannover – Kunst- und Kultur-Lexikon, 4. Auflage, zu Klampen Verlag, Springe 2007.
Marieanne von König (Hrsg.): Herrenhausen Die Königlichen Gärten in Hannover, Göttingen 2006.
Mlynek, Klaus und Röhrbein, Waldemar R. (Hrsg.): Geschichte der Stadt Hannover, Band 2 – Vom Beginn des 19. Jahrhunderts bis in die Gegenwart, Hannover 1994.
Politik, Pop und Afri-Cola. 68er Plakate, Historisches Museum Hannover, Hannover 2008.

DER AUTOR

Ronald Clark (geboren 1956) studierte Gartenbau und Landespflege, leitete den Fachbereich Umwelt und Stadtgrün der Landeshauptstadt Hannover und ist seit 2005 Direktor der Herrenhäuser Gärten. Als Autor und Herausgeber widmet er sich neben »seinen« Herrenhäuser Gärten vor allem den Themen Gartenkunst und private Gartenkultur. Im Juli 2015 erschien von ihm bei der MADSACK Medienagentur der Bildband »Hannover aus der Luft – Damals und Heute«. Dafür hatte Clark aus dem Archiv des Historischen Museums Hannover einen einzigartigen Schatz der Fotogeschichte gehoben: einmalige Aufnahmen aus den Anfängen der Luftbildfotografie. Mit diesem Bildband lässt sich aus der Vogelperspektive erkunden, wie sich Hannover vor 100 Jahren von oben zeigte und wie es sich heute präsentiert.

KENNEN SIE DAS NOCH?

Den Anfang dieser kleinen Buchreihe machte der Hannover-Experte Michael Krische mit einer Bilderreise durch die historische Leine-Stadt. Der Auftaktband unter dem Titel »Kennen Sie das noch? Eine fotografische Reise durch das Hannover vergangener Jahrzehnte« ist ebenfalls bei der MADSACK Medienagentur herausgekommen. Monatelang hat Krische, langjähriger Redakteur der Hannoverschen Allgemeinen Zeitung und der Neuen Presse, alte Fotografien in Archiven recherchiert und kenntnisreich beschrieben. Im November 2016 erschien bei der MADSACK Medienagentur unter dem Titel »Kennen Sie das noch? Die kühnen 50er Jahre in Hannover« der zweite Band. Das Nachkriegsjahrzehnt ist eine bewegte, rastlose Zeit. Evelyn Beyer, langjährige Redakteurin der Neuen Presse, hat sich auf eine Zeitreise begeben und das vielfältige Lebensgefühl jener Zeit in diesem Bildband eingefangen. Die eindringlichen Fotos, meist von Fotografenlegende Wilhelm Hauschild, zeigen Hannover im Aufbruch. Zwei einzigartige Stücke Stadtgeschichte.

© Madsack Medienagentur GmbH & Co. KG
August-Madsack-Straße 1
30559 Hannover

1. Auflage: September 2017
Autor: Ronald Clark
Gestaltung, Umschlag, Art Direction: Florian Knabe
Lektorat, Satz: zu Klampen Verlag, Springe
Projektleitung: Susann Heller
Druck: Druckhaus Pinkvoss GmbH
Landwehrstraße 85, 30519 Hannover

ISBN 978-3-946544-12-8

Bibliografische Information der Deutschen Nationalbibliothek:
Die Deutsche Nationalbibliothek verzeichnet diese Publikation
in der Deutschen Nationalbibliografie; detaillierte bibliografische Daten
sind im Internet über <http://dnb.dnb.de> abrufbar.